पेंगुइन

Penguin

व्हेल

Whale

सील

Seal

ब्ल्यू व्हेल

Blue Whale

ह्वेल शार्क

Whale Shark

वालरस

Walrus

ऊदबिलाव

Otter

शार्क

Shark

डॉल्फिन

Dolphin

ऑक्टोपस

Octopus

झींगा मछली

Lobster

जेलिफिश

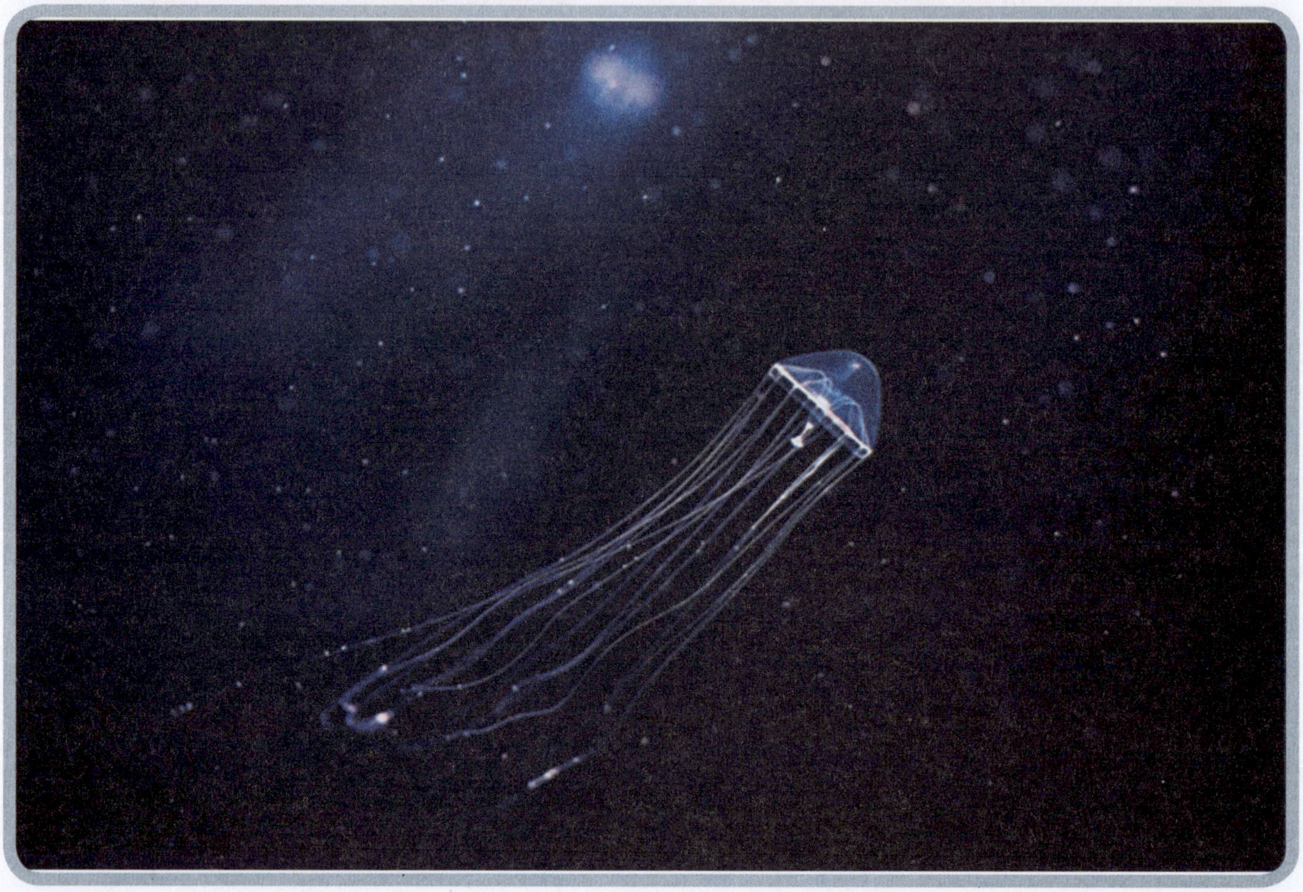

Jellyfish

सितारा मछली

Star Fish

स्क्वीड

Squid

कछुआ

Turtle

केकड़ा

Crab